Impressum
Verlag: BABADADA GmbH, Nedderfeld 112 , 22529 Hamburg
Geschäftsführer / Verlagsleitung: Harald Hof
Druck: Books on Demand GmbH, In de Tarpen 42, 22848 Norderstedt

Imprint
Publisher: BABADADA GmbH, Nedderfeld 112 , 22529 Hamburg, Germany
Managing Director / Publishing direction: Harald Hof
Print: Books on Demand GmbH, In de Tarpen 42, 22848 Norderstedt, Germany

skole
المدرسة

klasseværelse
القسم
dividere
يقسم
186/2
tavle
اللوح
skolegård
lærer
المعلّم
papir
ورقة
skrive
يكتب
pen
القلم
skrivebord
طاولة المكتب
lineal
المسطرة
bog
الكتاب
elev
التلميذ

skoletaske

الحقيبة المدرسية

penalhus

المقلمة

blyant

قلم الرصاص

blyantspidser

البرّاية

viskelæder

المِمحاة

tegneblok

دفتر الرسم

2 skole - المدرسة

tegning

الرسمة

pensel

الفرشاة

æske med vandfarver

علبة التلوين

saks

المقص

lim

المادة اللاصقة

opgavehefte

دفتر التمارين

lektie

الواجب المدرسي

tal

الرقم

addere

يجمع

subtrahere

يطرح

multiplicere

يضرب

regne

يحسب

bogstav

الحرف

alfabet

الأبجدية

ord

كلمة

tekst

النص

læse

يقرأ

kridt

الطبشور

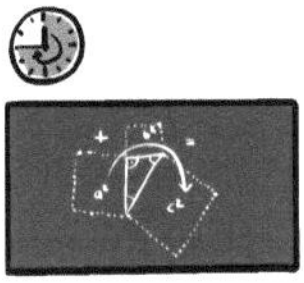

time

الحصة

klasseprotokol

دفتر الدوام المدرسي

eksamen

الامتحان

karakterbog

شهادة

skoleuniform

اللباس المدرسي

uddannelse

التعليم

leksikon

الموسوعة

universitet

الجامعة

mikroskop

المِجهر

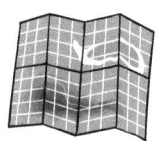

kort

الخريطة

papirkurv

قماما

hotel
فندق
herberg
بيت الشباب
vekselkontor
مكتب صرافة
kuffert
حقيبة
bil
سيارة

sprog

اللغة

ja / nej

نعم / لا

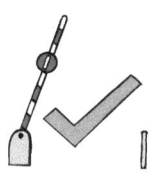

okay

حسناً

hej

مرحباً

oversætter

مترجم

tak

شكرا

hvad koster…?

كم ثمن … ؟

Jeg forstår ikke

لا أفهم

problem

مشكلة

God aften!

مساء الخير

God morgen!

صباح الخير!

God nat!

ليلة سعيدة

farvel

إلى اللقاء

retning

اتجاه

bagage

أمتعة السفر

taske

حقيبة

rygsæk

حقيبة ظهر

gæst

ضيف

værelse

غرفة

sovepose

كيس للنوم

telt

خيمة

turistinformation

استعلامات سياحية

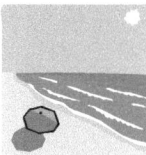

strand

شاطئ

kreditkort

بطاقة ائتمان

morgenmad

إفطار

middagsmad

طعام الغداء

aftensmad

العشاء

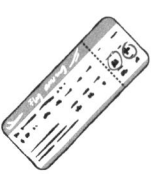

billet

بطاقة سفر

elevator

مصعد

frimærke

طابع بريدي

grænse

حدود

told

الجمارك

ambassade

سفارة

visum

تأشيرة

pas

جواز سفر

transport
نقل

flyvemaskine
طائرة
skib
سفينة
brandbil
سيارة إطفاء
bus
حافلة
lastbil
سيارة شاحنة
motorbåd
زورق آلي
cykel
درّاجة
bil
سيارة

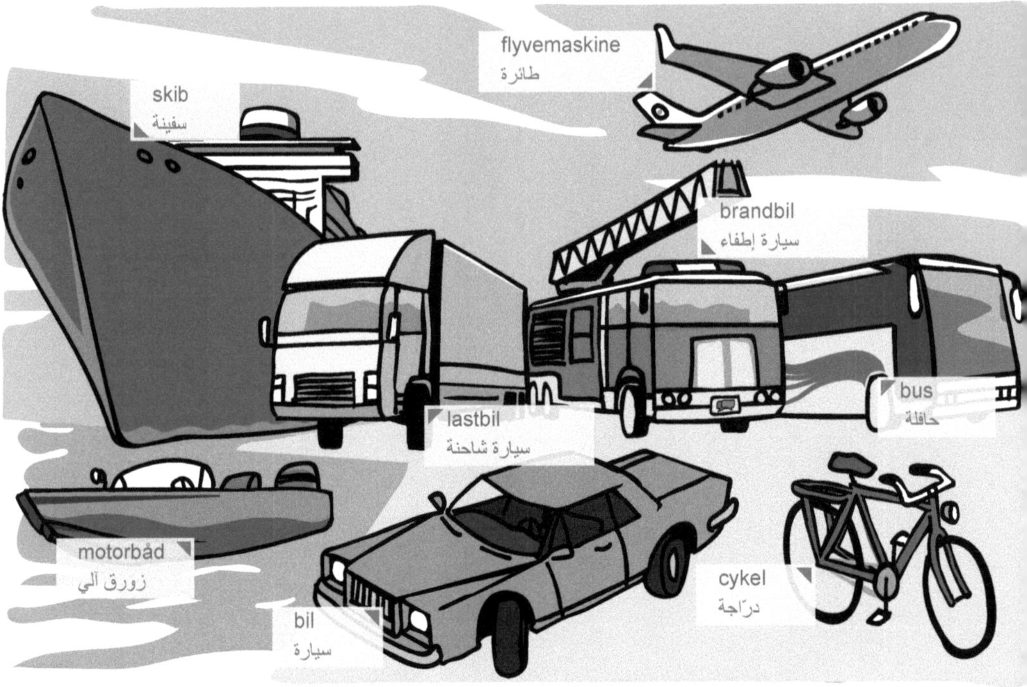

færge
عبارة

båd
قارب

motorcykel
دراجة نارية

politibil
سيارة شرطة

racerbil
سيارة سباق

lejebil
سيارة مستأجرة

samkørsel

أسلوب تشاركي في استئجار السيارات

kranbil

سيارة للجر

skraldebil

سيارة نقل القمامة

motor

محرك

benzin

وقود

tankstation

محطة وقود

trafikskilt

إشارة مرور

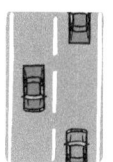

trafik

حركة السير

trafikprop

ازدحام سير

parkeringsplads

موقف سيارات

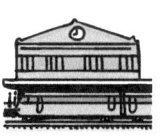

banegård

محطة قطار

skinner

سكك حديدية

tog

قطار

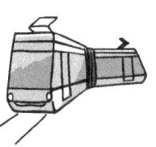

sporvogn

ترام

wagon

عربة قطار

helikopter

طائرة مروحية

lufthavn

مطار

tårn

برج

passager

مسافر

container

حاوية

karton

علبة كرتون

kærre

عربة يد

kurv

سلة

starte / lande

يقلع / يهبط

by

مدينة

landsby

قرية

bymidte

مركز المدينة

hus

بيت

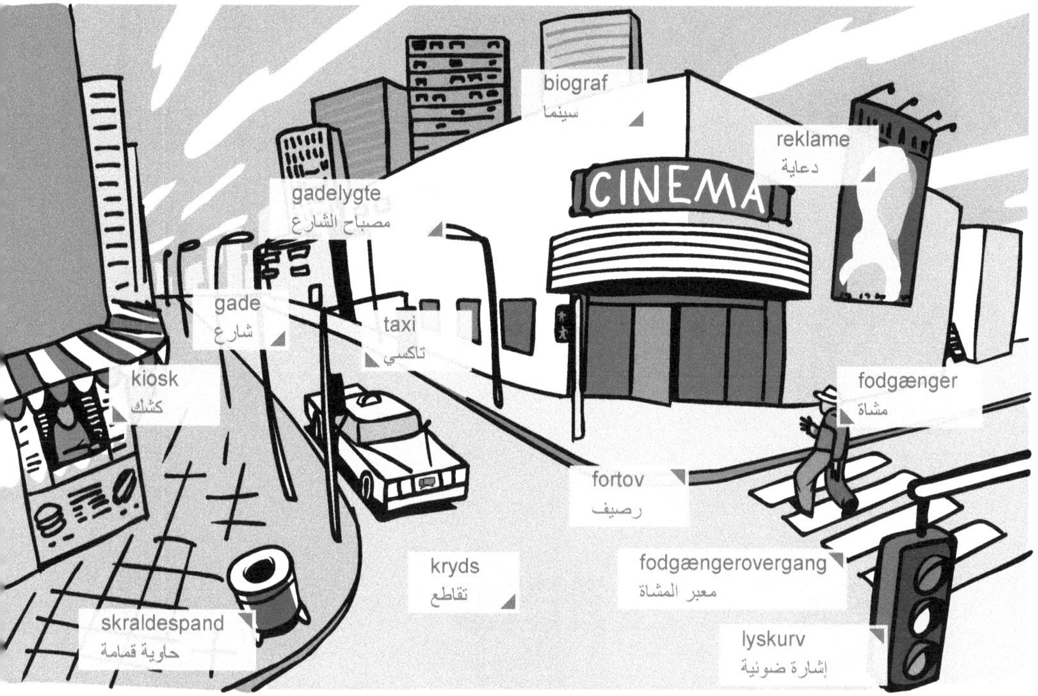

biograf
سينما
reklame
دعاية
CINEMA
gadelygte
مصباح الشارع
gade
شارع
taxi
تاكسي
kiosk
كشك
fodgænger
مشاة
fortov
رصيف
kryds
تقاطع
fodgængerovergang
معبر المشاة
skraldespand
حاوية قمامة
lyskurv
إشارة ضوئية

hytte

كوخ

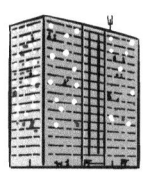

lejlighed

شقة

banegård

محطة قطار

rådhus

دار البلدية

museum

متحف

skole

المدرسة

universitet

الجامعة

bank

مصرف

sygehus

المستشفى

hotel

فندق

apotek

صيدلية

kontor

مكتب

boghandel

مكتبة

butik

متجر

blomsterbutik

محل لبيع الزهور

supermarked

سوبرماركت

marked

سوق

stormagasin

متجر كبير

fiskehandler

تاجر السمك

butikscenter

مركز تسوّق

havn

ميناء

park

حديقة عامة

bænk

مقعد

bro

جسر

trappe

درج، سلم

undergrundsbane

مترو

tunnel

نفق

busstoppested

موقف حافلات

barnevogn

بار

restaurant

مطعم

postkasse

صندوق البريد

vejskilt

لافتة باسم الشارع

parkometer

مقياس زمن الوقوف

zoo

حديقة حيوانات

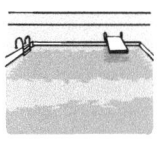

badeanstalt

مسبح

moske

مسجد

bondegård

مزرعة

miljøforurening

تلوث البيئة

kirkegård

مقبرة

kirke

كنيسة

legeplads

ملعب الأطفال

tempel

معبد

landskab

طبيعة ريفية

blad ورقة

vejviser علامة إرشاد

vej طريق

eng مرج

sten حجر

træ شجرة

vandrer رحالة

flod نهر

græs عشب

blomst زهرة

dal

وادٍ

bjerg

جبل

sø

بحيرة

skov

غابة

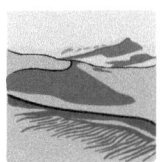

ørken

صحراء

vulkan

بركان

slot

قلعة

regnbue

قوس قزح

svamp

فِطر

palme

نخلة

moskito

بعوض

flue

ذبَابة

myre

نملة

bi

نحلة

edderkop

عنكبوت

bille

خنفساء

frø

ضفدعة

egern

سنجاب

pindsvin

قنفذ

hare

أرنب

ugle

بومة

fugl

عصفور

svane

بجعة

vildsvin

خنزير برّي

hjort

غزال

elg

إلكة

dæmning

سد

vindmølle

دولاب الطاحونة الهوائية

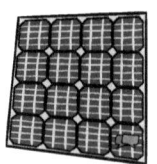

solcellemodul

خلية شمسية

klima

مناخ

restaurant
مطعم

tjener
نادل
spisekort
لائحة الطعام
stol
كرسي
suppe
حساء
pizza
بيتزا
bestik
أدوات المائدة
borddug
غطاء المائدة

forret
مقبلات

hovedret
الصحن الرئيسي

dessert
حلوى أو فاكهة بعد الطعام

drikkevarer
مشروبات

mad
طعام

flaske
زجاجة

fastfood

وجبات سريعة

streetfood

طعام الشارع

tekande

إبريق الشاي

sukkerdåse

علبة السكر

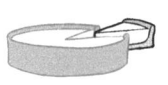

portion

حصّة

espressomaskine

آلة الإسبريسو

barnestol

كرسي عالٍ

faktura

فاتورة

tablet

صينية

kniv

سكين

gaffel

شوكة

ske

ملعقة

teske

ملعقة الشاي

serviet

منديل المائدة

glas

كأس

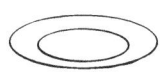

tallerken

صحن

dyb tallerken

صحن الحساء

underkop

صحن الفنجان

sovs

صلصة

saltbøsse

مملحة

peberkværn

مطحنة الفلفل

eddike

خَل

olie

زيت الطعام

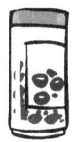

krydderier

توابل

ketchup

كتشاب

sennep

خردل

mayonnaise

مايونيز

supermarked

سوبرماركت

tilbud
عرض خاص
kunde
زبون
mælkeprodukter
مشتقات الحليب
frugt
فواكه
indkøbsvogn
عربة تسوّق
FOR

slagter

جزّار

bageri

مخبز

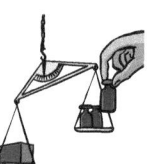

veje

يزن

grøntsager

خضار

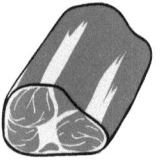

kød

لحم

frostvarer

المأكولات المجمّدة

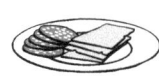

pålæg

مرتدلا أو جبن

konserves

معلّبات

vaskemiddel

مسحوق الغسيل

slik

حلويات

husholdningsvarer

المواد المنزلية

rengøringsmidler

منظّفات

ekspedient

بائعة

kasse

صندوق الحساب

kasserer

أمين صندوق

indkøbsliste

قائمة المشتريات

åbningstider

أوقات العمل

tegnebog

محفظة النقود

kreditkort

بطاقة ائتمان

taske

حقيبة

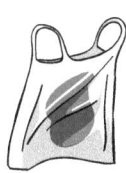

plasticpose

كيس بلاستيكي

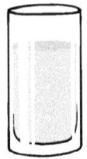

drikkevarer

مشروبات

vand

ماء

saft

عصير

mælk

حليب

cola

كولا

vin

نبيذ

øl

بيرة

alkohol

كحول

kakao

كاكاو

te

شاي

kaffe

قهوة

espresso

قهوة إسبريسو

cappuccino

كابوتشينو

banan

موزة

æble

تفاح

appelsin

برتقال

melon

بطيخ

citron

ليمون

gulerod

جزرة

hvidløg

ثوم

bambus

خيزران

løg

بصل

svamp

فطر

nødder

لوزيات

nudler

شعيرية

spaghetti

سباغيتي

ris

أرزّ

salat

سلطة

pomfritter

بطاطا مقلية

stegte kartofler

بطاطا مقلية

pizza

بيتزا

hamburger

هامبورغر

sandwich

ساندويش

schnitzel

شريحة لحم مقلية

skinke

لحم خنزير

salami

سلامي

pølse

سجق

kylling

دجاج

steg

لحم محمر

fisk

سمك

havregryn

دقيق الشوفان

mysli

موسلي

cornflakes

كورن فلكس

mel

طحين

croissant

كرواسان

rundstykke

خبز صغير

brød

خبز

toast

خبز محمص

kiks

بسكويت

smør

زبدة

kvark

لبن زبادي

kage

كعكة

æg

بيضة

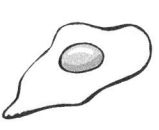

spejlæg

بيض مقلي

ost

جبنة

is

مثلجات

sukker

سكر

honning

عسل

marmelade

مربّى الفاكهة

nougat-creme

كريم النوغا

karry

الكاري

bondegård
مزرعة

bondehus
بيت الفلاح
skur
مخزن غلال
halmballer
رزمة من التبن
mark
حقل
hest
حصان
anhænger
مقطورة
føl
مهر
traktor
جرار
æsel
حمار
får
خروف
lam
خروف

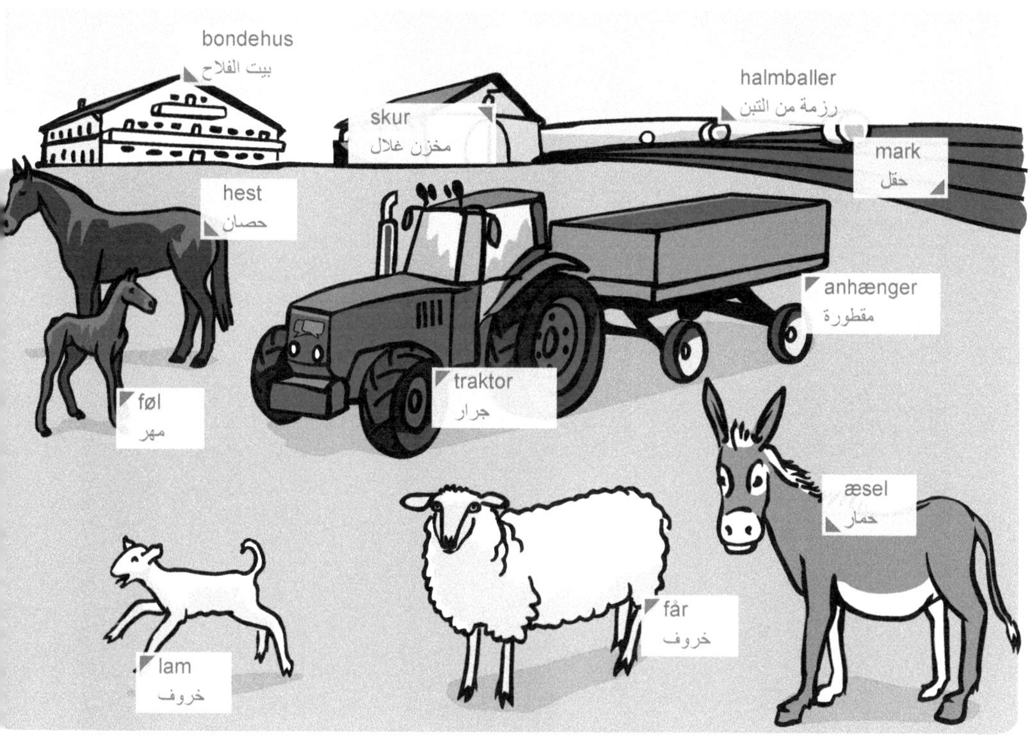

ged
....
ماعز

ko
....
بقرة

kalv
....
عجل

svin
....
خنزير

gris
....
خنزير صغير

tyr
....
ثور

gås

إوزّة

and

بطة

kylling

صوص

høne

دجاجة

hane

ديك

rotte

جرذ

kat

قطة

mus

فأر

okse

ثور

hund

كلب

hundehus

كوخ الكلب

haveslange

خرطوم الحديقة

vandkande

إبريق

le

منجل

plov

المحراث

segl

منجل

hakkejern

معزقة

møggreb

مذراة الزبل

økse

بلطة

trillebør

عربة يد

trug

معلف

mælkekande

صفيحة الحليب

sæk

كيس

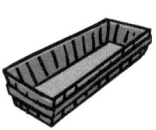

hæk

سياج

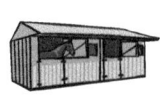

stald

اصطبل

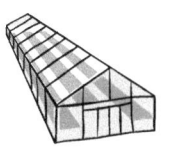

drivhus

دفيئة

jord

تربة

frø

بذور

gødning

سماد

mejetærsker

حصّادة درّاسة

høste

يحصد

høst

محصول

yams

بطاطا يامس

hvede

قمح

soja

صويا

kartoffel

بطاطا

majs

ذرة

raps

سلجم

frugttræ

شجرة فاكهة

maniok

نبات منيهوت

korn

الحبوب

hus

بيت

skorsten
مدخنة
tag
سقف
tagrende
مزراب
vindue
نافذة
garage
مرآب
dørklokke
جرس الباب
dør
باب
skraldespand
قماما
postkasse
صندوق البريد
have
حديقة

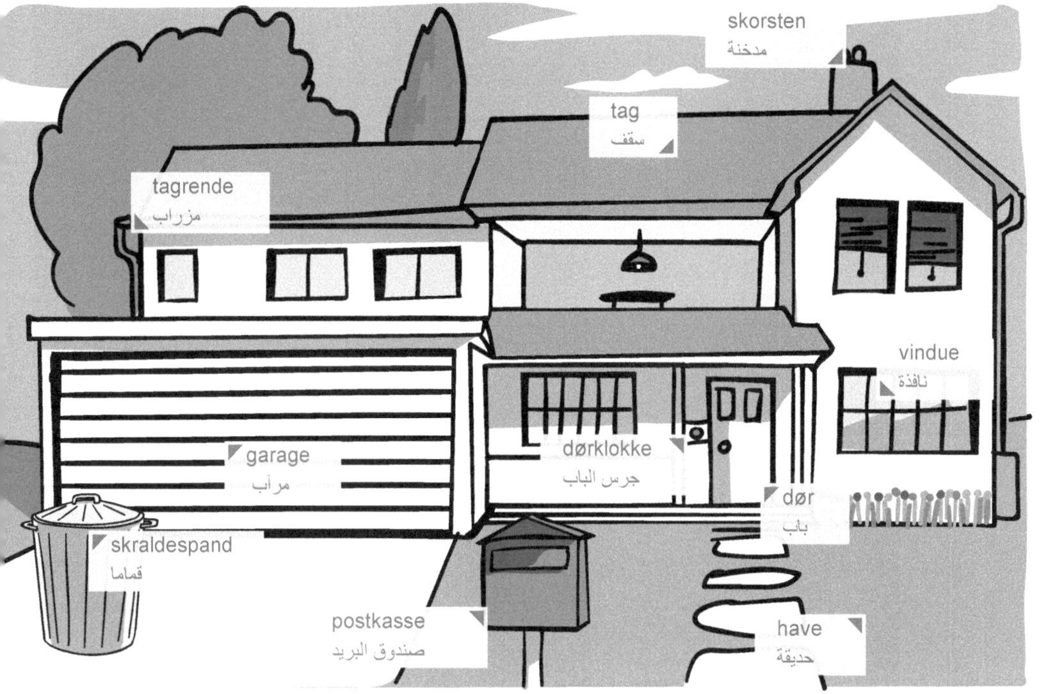

stue

غرفة جلوس

badeværelse

الحمّام

køkken

مطبخ

soveværelse

غرفة النوم

børneværelse

غرفة الأطفال

spisestue

غرفة الطعام

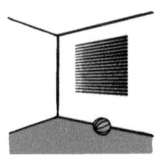

gulv

أرضية

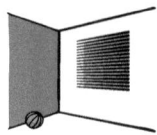

væg

حائط

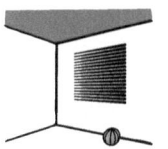

loft

سقف

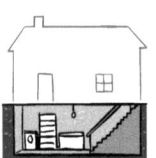

kælder

قبو

sauna

ساونا

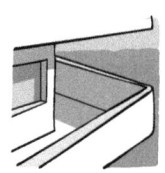

altan

بلكون

terrasse

شرفة

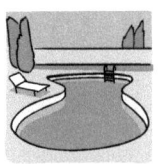

svømmehal

مسبح

plæneklipper

جزّازة العشب

dynebetræk

بياضات السرير

dyne

بطانية

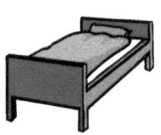

seng

سرير

kost

مكنسة

spand

سطل

kontakt

مفتاح كهربائي

stue
غرفة جلوس

tapet
ورق جدران
billede
صورة
lampe
مصباح كهربائي
reol
رف
skab
خزانة
fjernsyn
تلفزيون
pejs
موقد مفتوح
blomst
زهرة
pude
وسادة
sofa
كنبة
vase
مزهرية
fjernbetjening
تحكم عن بعد

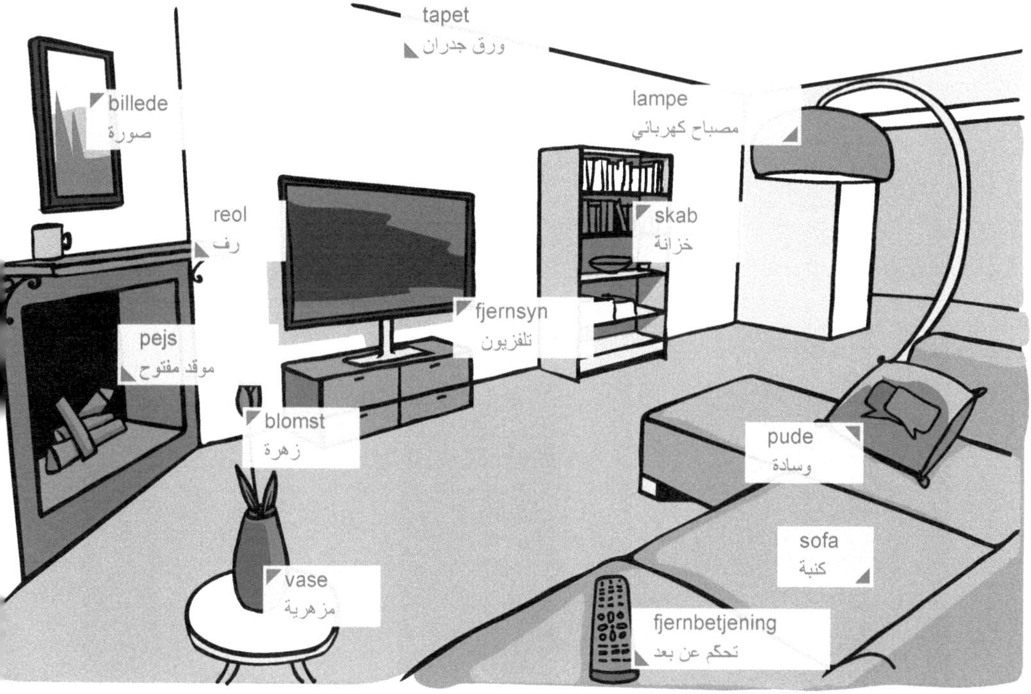

gulvtæppe
بساط

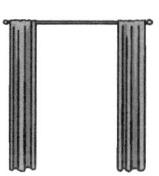

gardin
ستارة

bord
طاولة

stol
كرسي

gyngestol
كرسي هزّاز

lænestol
كرسي ذو ذراعين

bog

الكتاب

tæppe

بطانية

dekoration

زخرفة

brænde

الحطب

film

فيلم

stereoanlæg

تجهيزات ستيريو

nøgle

مفتاح

avis

جريدة

maleri

لوحة مرسومة

plakat

مُلصق

radio

راديو

notesblok

دفتر ملاحظات

støvsuger

المكنسة الكهربائية

kaktus

صبّار

lys

شمعة

køkken

køleskab
برّاد
mikrobølgeovn
ميكروويف
køkkenvægt
ميزان المطبخ
brødrister
محمصة الخبز
rengøringsmiddel
منظفات
bageovn
فرن
fryserum
ثلاجة
skraldespand
قماما
opvaskemaskine
جلاية

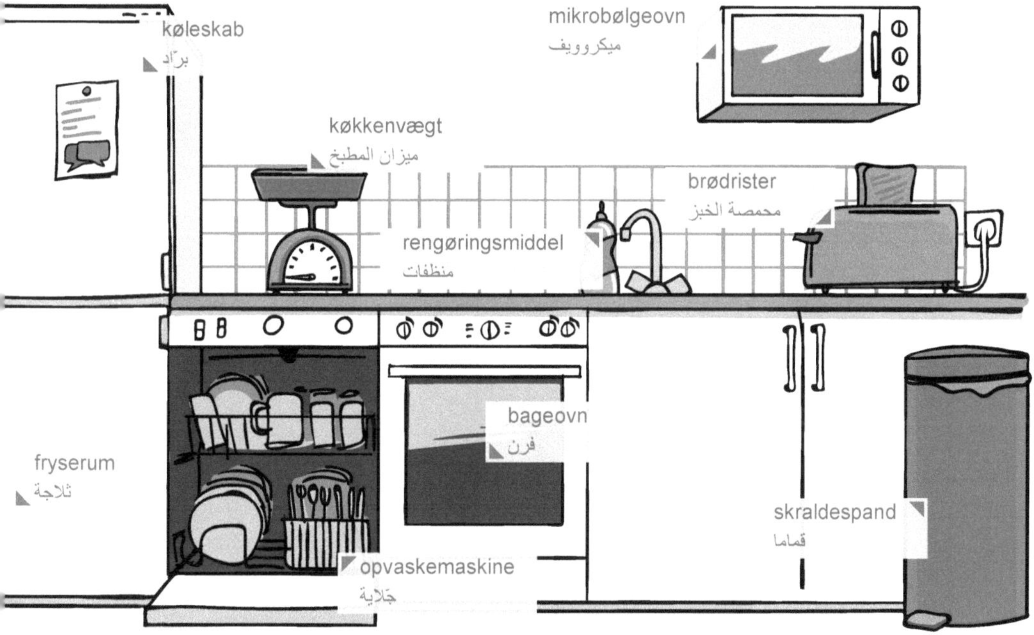

komfur

موقد

gryde

قدر

jerngryde

وعاء من الحديد

wok / kadai

قدر صيني

pande

مقلاة

elkedel

غلاية

køkken - مطبخ 35

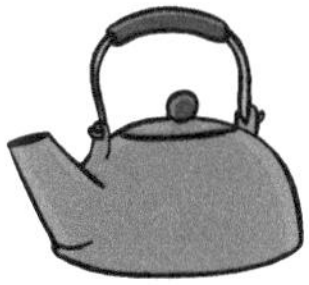

dampkoger

قدر البخار

bageplade

صينية

service

أواني

bæger

فنجان

skål

صحن

spisepinde

عيدان الأكل

øseske

مغرفة

paletkniv

ملعقة منبسطة

piskeris

خفاقة

dørslag

مصفاة

si

مصفاة

rive

مبشرة

morter

هاون

grille

شواء

ildsted

موقد

skærebræt

لوح التقطيع

kagerulle

نشابة

proptrækker

مفتاح الزجاجات

dåse

علبة

dåseåbner

مفتاح العلب المعدنية

grydelap

قماش الفرن

køkkenvask

مجلى

børste

فرشاة

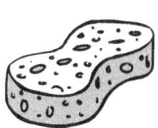

svamp

إسفنج

blender

خلاط

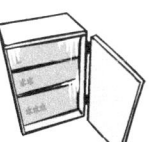

dybfryser

مجمّدة

sutteflaske

زجاجة الطفل

vandhane

صنبور الماء

badeværelse

الحمّام

brusebad
دوش
radiator
تدفئة
håndklæde
منشفة
bruserforhæng
ستارة الدوش
skumbad
حمام رغوة
badekar
حوض الحمام
glas
كأس
vaskemaskine
غسّالة
vandhane
صنبور الماء
fliser
بلاط
tissepotte
قفازات مطاطية
køkkenvask
مجلى

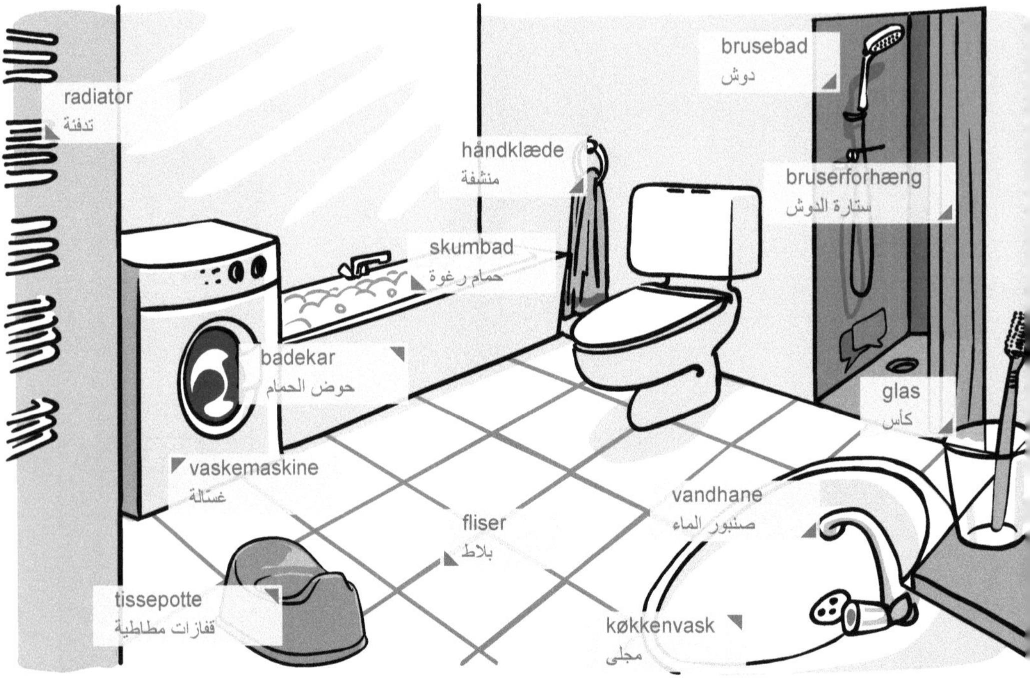

toilet

حمام

hugsiddende toilet

مرحاض القرفصاء

bidet

حوض التشطيف

pissoir

مبولة

toiletpapir

ورق المرحاض

toiletbørste

فرشاة الحمام

tandbørste

فرشاة الأسنان

tandpasta

معجون الأسنان

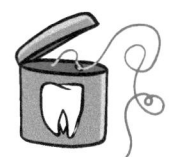

tandtråd

خيط حرير لتنظيف الأسنان

vaske

يغسل

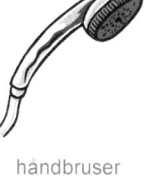

håndbruser

رشاش ماء يدوي

intimbruser

شطاف

vaskefad

حوض الغسيل

badebørste

فرشاة الظهر

sæbe

صابون

brusegele

جيل الدوش

shampoo

شامبو

vaskeklud

ممسحة

afløb

مصرف للماء

creme

مرهم

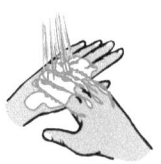

deodorant

مزيل الروائح

spejl

مرآة

kosmetikspejl

مرآة يد

barberhøvl

موس حلاقة

barberskum

رغوة الحلاقة

barbervand

كولونيا

kam

مشط

børste

فرشاة

hårtørrer

سشوار

hårspray

مثبت للشعر

makeup

ماكياج

læbestift

روج

neglelak

طلاء أظافر

vat

قطن

neglesaks

مقص أظافر

parfume

عطر

toilettaske

سلة الغسيل

skammel

مقعد صغير

vægt

ميزان

badekåbe

معطف الحمام

gummihandsker

قفازات مطاطية

tampon

سدادة قطنية

damebind

منشفة صحية

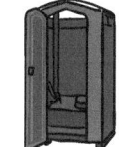

kemisk toilet

تواليت كيميائية

børneværelse

غرفة الأطفال

vækkeur
منبه
bamse
الحيوانات المحنطة
legetøjsbil
سيارة لعبة
skralde
خشخشة
dukkehus
بيت الدمى
gave
هدية

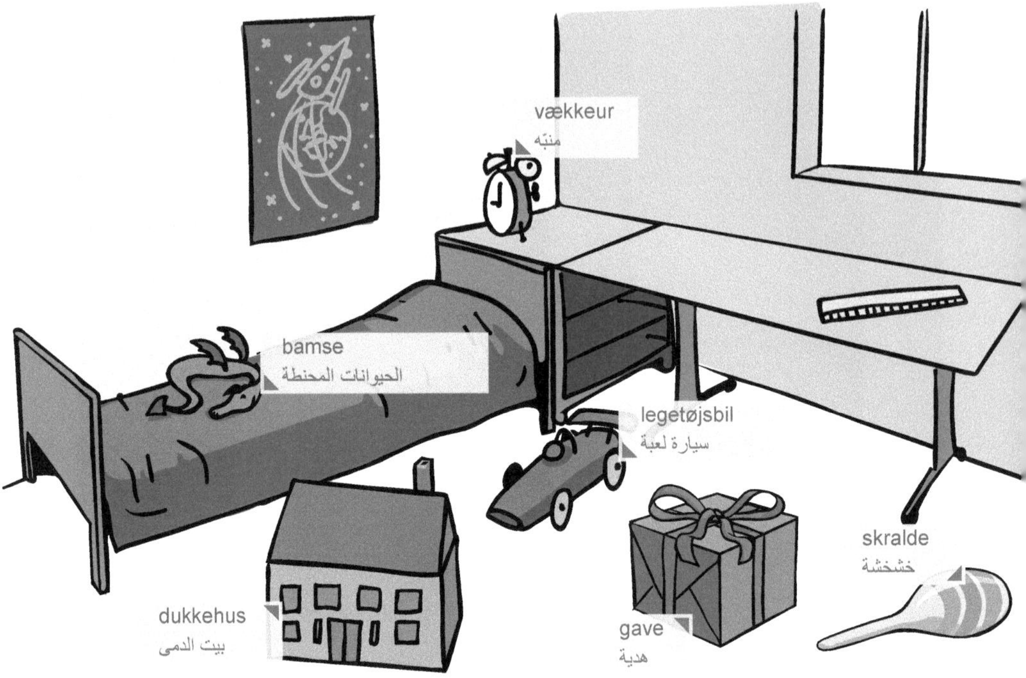

ballon

بالون

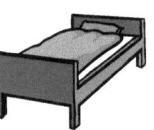

seng

سرير

barnevogn

عربة الأطفال

kortspil

لعبة الورق

puslespil

أحجية

tegneserie

رسوم هزلية

legoklodser

أحجار الليغو

byggeklodser

حجارة تركيب

action figur

دمية بطل

sparkedragt

لباس الطفل

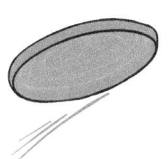

frisbee

فريسبي

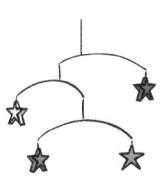

uro

دمية معلّقة

brætspil

لعبة الطاولة

terning

لعبة النرد

modeljernbane

لعبة قطار

sut

مصّاصة

fest

حفلة

billedbog

كتاب مصوّر

bold

كرة

dukke

دمية

lege

يلعب

sandkasse

ملعب رملي للأطفال

gynge

أرجوحة

legetøj

لعبة

spillekonsol

ألعاب فيديو

trehjulet cykel

دراجة ثلاثية

bamse

دمية على شكل الدب

klædeskab

خزانة الثياب

tøj

ثياب

sokker

جوارب قصيرة

strømper

جوارب طويلة

strømpebukser

جورب بنطلون

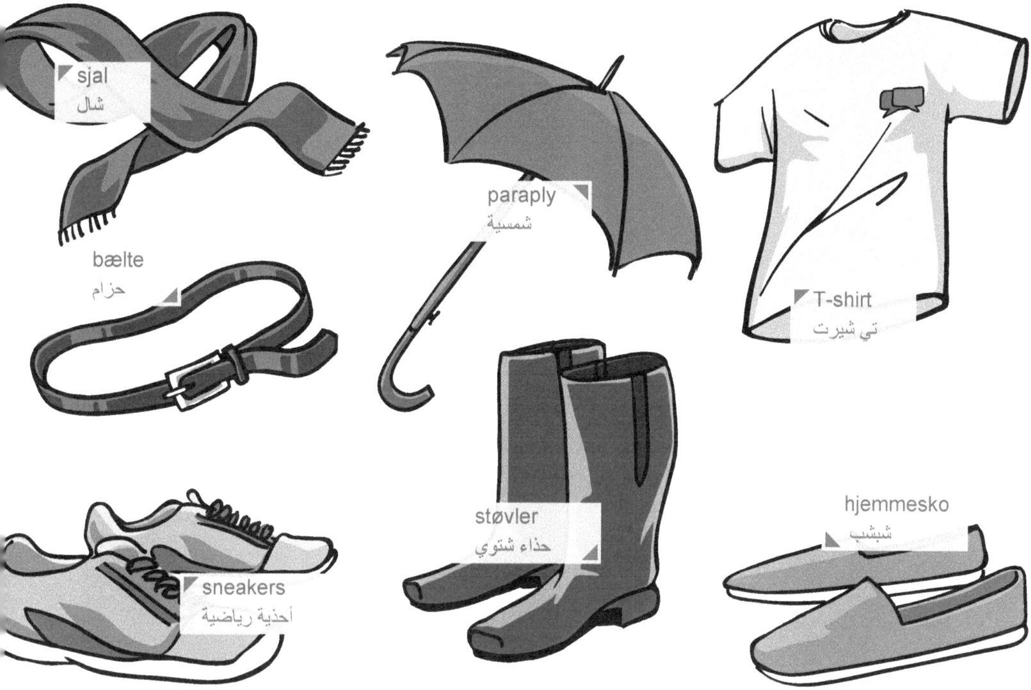

sjal
شال

paraply
شمسية

T-shirt
تي شيرت

bælte
حزام

støvler
حذاء شتوي

hjemmesko
شبشب

sneakers
أحذية رياضية

sandaler

صندل

sko

حذاء

gummistøvler

جزمة كاوتشوك

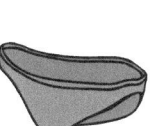

underbukser

سروال داخلي

BH

صدّارة

undertrøje

قميص داخلي

body

لباس ملاصق للجسم

bukser

بنطلون

jeans

جينز

nederdel

تنورة

bluse

بلوزة

skjorte

قميص

pullover

سترة قطنية

sweatshirt

كنزة كم طويل

blazer

سترة فضفاضة

jakke

سترة

frakke

معطف

regnfrakke

معطف مطري

kostume

زي - طقم نسائي

kjole

ثوب

brudekjole

ثوب الزفاف

jakkesæt

طقم

nattrøje

قميص نوم

pyjamas

بيجاما

sari

ساري

hovedtørklæde

حجاب

turban

عمامة

burka

برقع

kaftan

قفطان

abaya

عباءة

badedragt

مايوه

badebukser

سروال سباحة

korte bukser

شرت

træningsdragt

بدلة رياضية

forklæde

مئزر

handsker

قفازات

knap

زر

briller

نظّارة

armbånd

إسوارة

kæde

عقد

ring

خاتم

ørering

قرط

hue

طاقية

bøjle

علاقة ثياب

hat

قبّعة

slips

ربطة العنق

lynlås

سحّاب

hjelm

خوذة

seler

حمّالة البنطلون

skoleuniform

اللباس المدرسي

uniform

زي موحّد

hagesmæk

....

مريلة الأطفال

sut

....

مصّاصة

ble

....

لفافة

kontor

مكتب

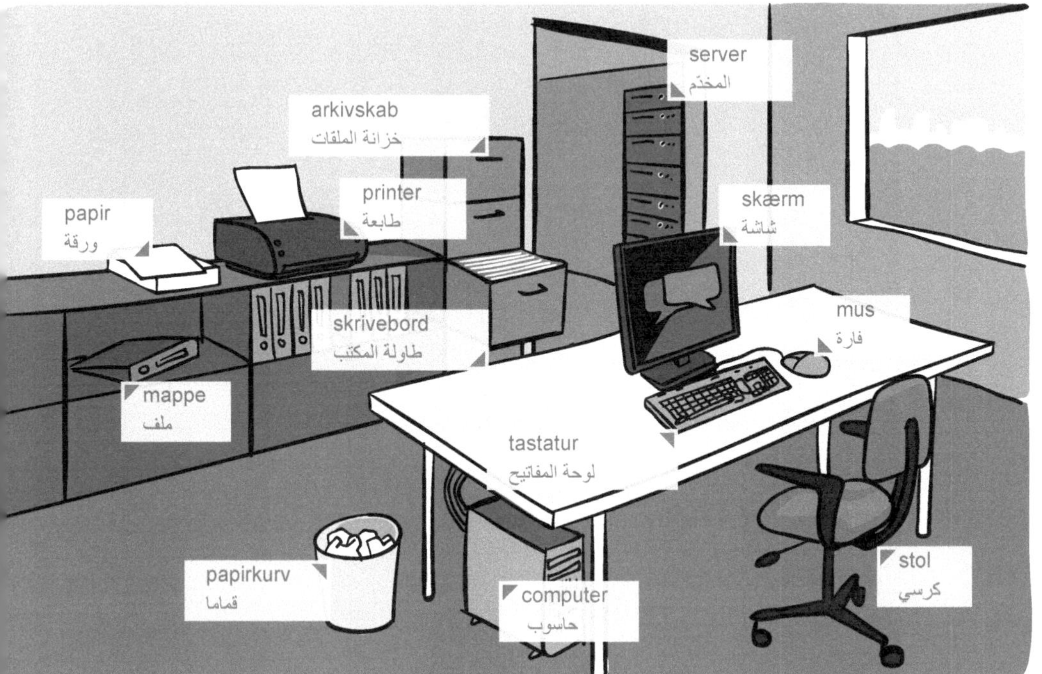

server
المخدّم
arkivskab
خزانة الملفات
printer
طابعة
papir
ورقة
skærm
شاشة
mus
فارة
skrivebord
طاولة المكتب
mappe
ملف
tastatur
لوحة المفاتيح
papirkurv
computer
حاسوب
stol
كرسي

kaffekrus

....

كأس من القهوة

lommeregner

....

الالة الحاسبة

internet

....

الإنترنت

bærbar

الحاسوب المحمول

brev

رسالة

besked

خبر

mobil

الهاتف المحمول

netværk

شبكة

kopimaskine

جهاز تصوير

software

البرمجيات

telefon

هاتف

stikdåse

مقبس كهربائي

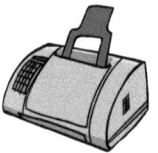

fax

فاكس

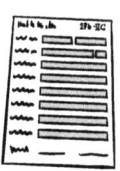

formular

استمارة

dokument

وثيقة

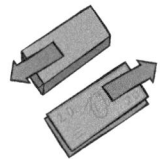

købe

يشتري

betale

يدفع

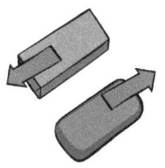

handle

يتاجر

penge

مال

dollar

دولار

euro

يورو

yen

ين

rubel

روبل

schweizerfranc

فرنك سويسري

renminbi yuan

يوان

rupee

روبية

hæveautomat

صرّاف آلي

vekselkontor

مكتب صرافة

guld

ذهب

sølv

فضة

olie

نفط

energi

طاقة

pris

سعر

kontrakt

عقد

skat

ضريبة

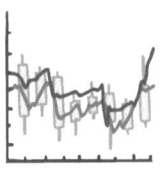

aktie

سهم

arbejde

يعمل

ansat

موظف

arbejdsgiver

رب العمل

fabrik

مصنع

butik

متجر

politimand
الشرطي
brandmand
رجل إطفاء
kok
طبّاخ
læge
الطبيب
pilot
طيّار

gartner
....
بستاني

tømrer
....
نجّار

syerske
....
خيّاطة

dommer
....
قاض

kemiker
....
كيميائي

skuespiller
....
ممثل

buschauffør

سائق حافلة

taxachauffør

سائق تاكسي

fisker

صياد سمك

rengøringskone

أجيرة للتنظيف

tagdækker

بنّاء سقف

tjener

نادل

jæger

صيّاد

maler

رسّام

bager

خباز

elektriker

كهربائي

bygningsarbejder

عامل بناء

ingeniør

مهندس

slagter

لحّام

vvs-mand

سمكري

postbud

ساعي البريد

soldat

جندي

arkitekt

مهندس معماري

kasserer

أمين صندوق

blomsterhandler

بائع الزهور

frisør

حلاق

togfører

مراقب القطار

mekaniker

ميكانيكي

kaptajn

قبطان

tandlæge

طبيب أسنان

videnskabsmand

رجل العلم

rabbiner

حاخام

imam

إمام

munk

راهب

præst

كاهن

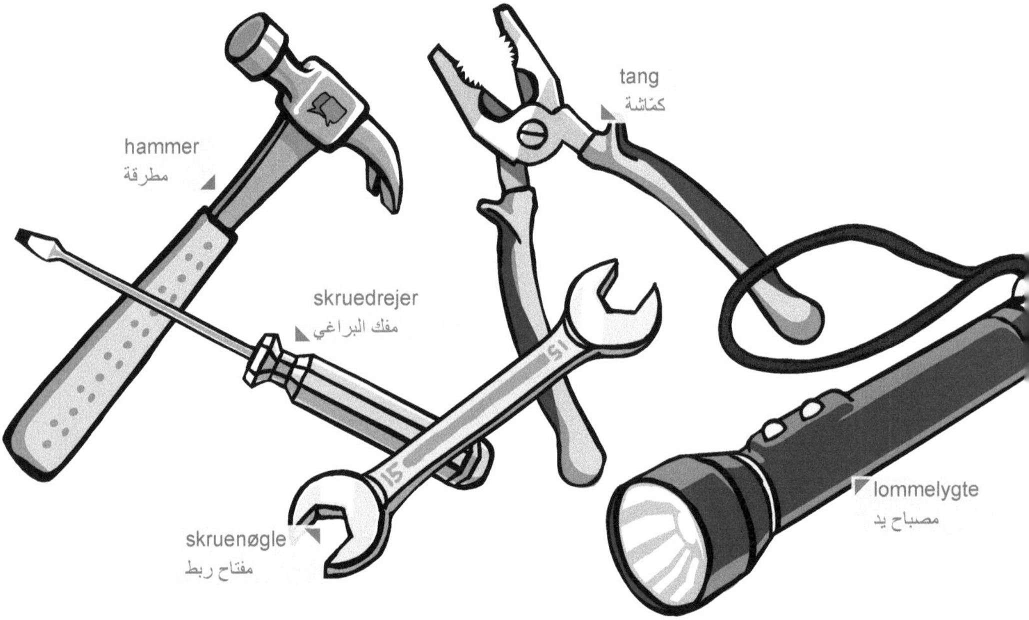

hammer
مطرقة

tang
كَمَّاشة

skruedrejer
مفك البراغي

skruenøgle
مفتاح ربط

lommelygte
مصباح يد

gravemaskine

جرافة

værktøjskasse

صندوق العدة

stige

سُلم

sav

منشار

søm

مسامير

bor

مِثقَب

reparere

يصلح

skovl

مجرفة

Lort!

اللعنة

fejebakke

لقاطة الكناسة

malerspand

سطل الألوان

skruer

براغي

musikinstrumenter

آلات موسيقية

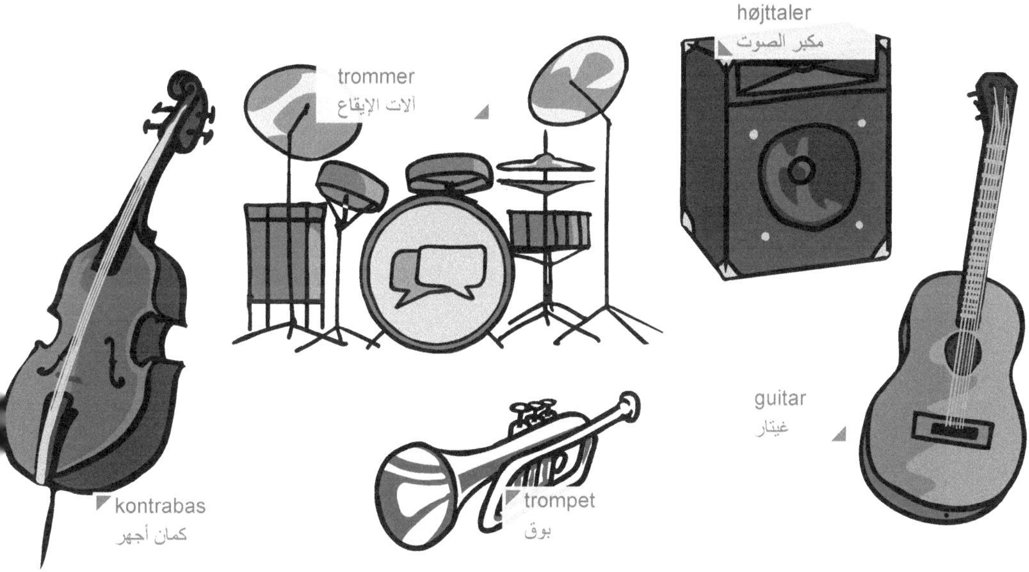

trommer
آلات الإيقاع

højttaler
مكبر الصوت

guitar
غيتار

kontrabas
كمان أجهر

trompet
بوق

klaver

....

بيانو

violin

....

كمنجة

bas

....

جهير

pauke

....

طبل كبير

tromme

....

طبل

keyboard

....

بيانو كهربائي

saxofon

....

ساكسوفون

fløjte

....

ناي

mikrofon

....

ميكروفون

ZOO

حديقة حيوانات

indgang
مدخل
tiger
نمر
bur
قفص
zebra
حمار الوحش
dyrefoder
علف للحيوانات
panda
دب باندا

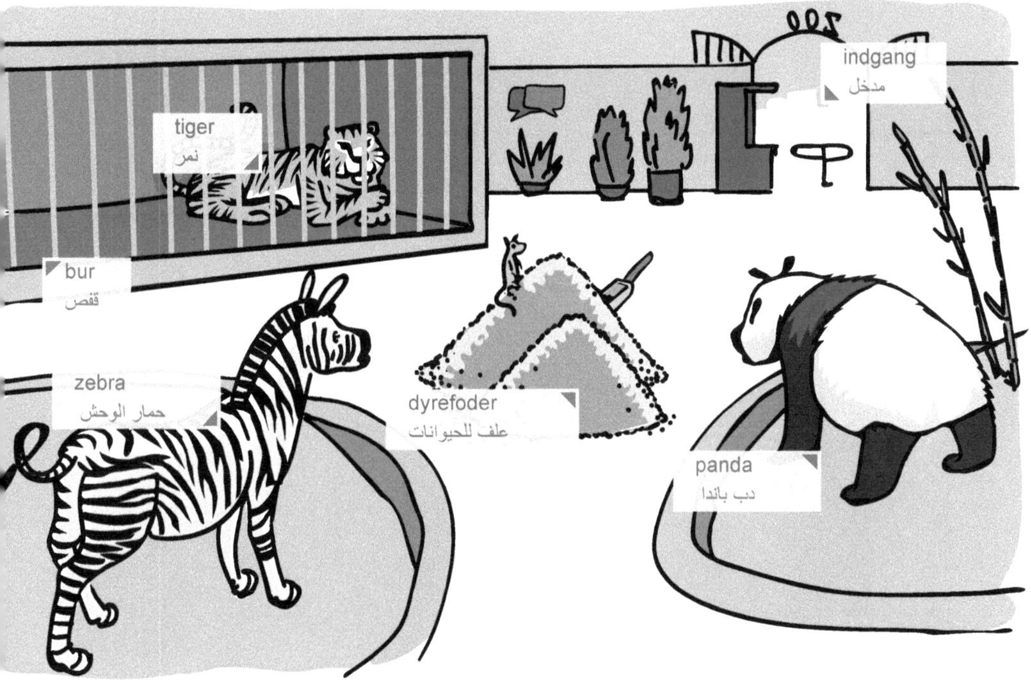

dyr

حيوانات

elefant

فيل

kænguru

كنغر

næsehorn

وحيد القرن

gorilla

غوريلا

bjørn

دب

kamel

جمل

struds

نعامة

løve

أسد

abe

قرد

flamingo

طائر فلامينغو

papegøje

ببغاء

isbjørn

دب قطبي

pingvin

بطريق

haj

سمك القرش

påfugl

طاووس

slange

أفعى

krokodille

تمساح

dyrepasser

حارس في حديقة الحيوان

sæl

عجل البحر

jaguar

نمر أمريكي مرقط

pony

فرس قزم

leopard

نمر

flodhest

فرس النهر

giraf

زرافة

ørn

نسر

vildsvin

خنزير برّي

fisk

سمك

skildpadde

سلحفاة

hvalros

حيوان فظ البحري

ræv

ثعلب

gazelle

غزال

amerikansk football
كرة القدم الأمريكية

cykling
ركوب الدراجات

tennis
كرة التنس

basketball
كرة السلة

svømning
السباحة

boksning
الملاكمة

ishockey
هوكي الجليد

fodbold

كرة القدم

badminton

الريشة الطائرة

atletik

ألعاب القوى الخفيفة

håndbold

كرة اليد

skiløb

التزلج على الثلج

polo

بولو

springe
يقفز
give et knus
يعانق
grine
يضحك
gå
يمشي
synge
يغنّي
drømme
يحلم
bede
يصلّي
kysse
يقبل

skrive
يكتب

tegne
يرسم

vise
يُري

skubbe
يدفع

give
يعطي

tage
يأخذ

have

يملك

gøre

يعمل

være

يوجد

stå

يقف

løbe

يركض

trække

يسحب

kaste

يرمي

falde

يقع

ligge

يستلقي

vente

ينتظر

bære

يحمل

sidde

يجلس

tage på

يلبس

sove

ينام

vågne

يستيقظ

se på

ينظر إلى ..

græde

يبكي

ae

يمسّد

kæmme

يمشّط

tale

يتكلم

forstå

يفهم

spørge

يسأل

høre

يسمع

drikke

يشرب

spise

يأكل

rydde op

يرتب

elske

يحب

koge

يطبخ

køre

يقود

flyve

يطير

sejle

يبحر بزورق شراعي

regne

يحسب

læse

يقرأ

lære

يتعلم

arbejde

يعمل

gifte sig med

يتزوج

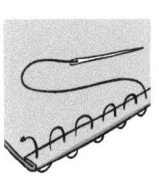

sy

يخيط

børste tænder

ينظف أسنانه

dræbe

يقتل

ryge

يدخّن

sende

يرسل

familie
عائلة

bedstemor
جدّة
bedstefar
جدّ
far
أب
mor
أم
baby
الطفل
datter
ابنة
ابن

gæst

ضيف

tante

عمّة / خالة

onkel

عمّ / خال

bror

أخ

søster

أخت

krop
الجسم

pande
الجبين
øje
العين
skulder
الكتف
finger
الإصبع
ansigt
الوجه
hage
الذقن
hånd
اليد
ben
الساق
bryst
الصدر
arm
الذراع

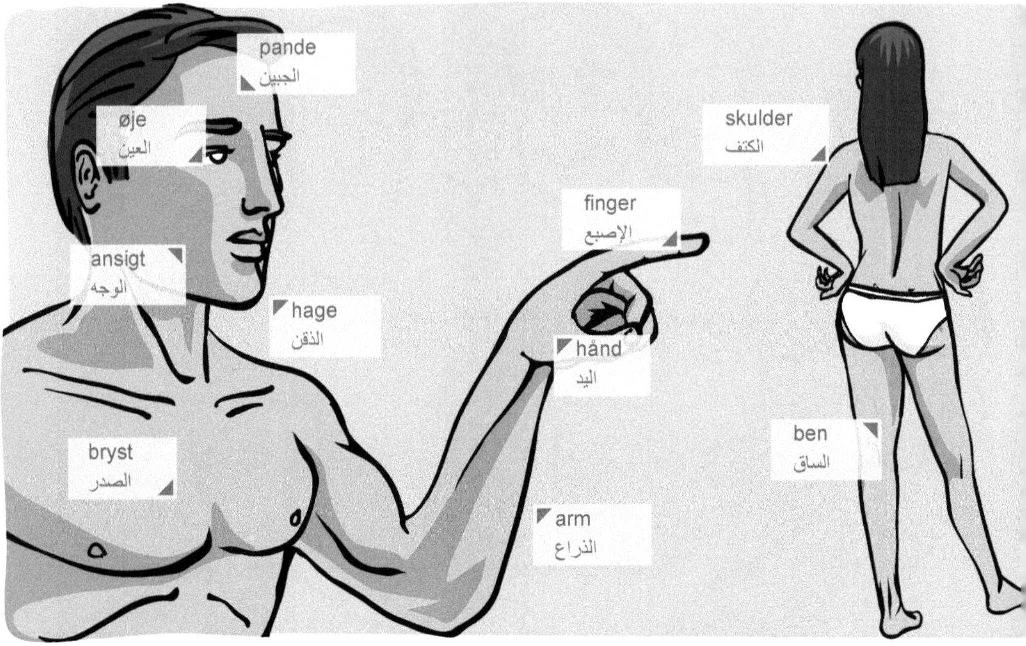

baby
الطفل

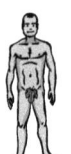

mand
الرجل

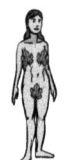

kvinde
المرأة

pige
البنت

dreng
الولد

hoved
الرأس

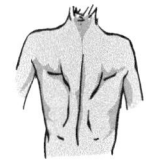

ryg

الظهر

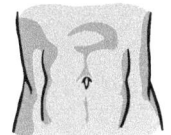

mave

البطن

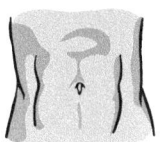

navle

السرّة

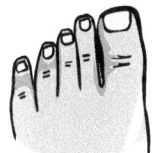

tå

إصبع القدم

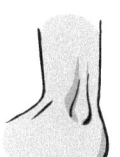

hæl

الكعب

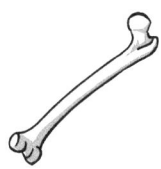

knogle

العظم

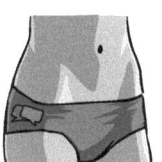

hofte

الورك

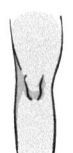

knæ

الركبة

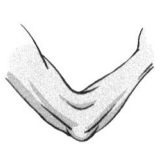

albue

المرفق

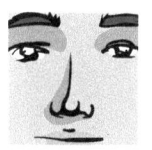

næse

الأنف

bagdel

العجُز

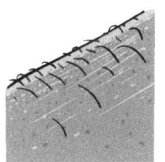

hud

البشرة

kind

الخد

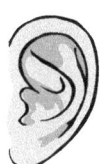

øre

الأذن

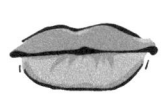

læbe

الشفة

mund

الفم

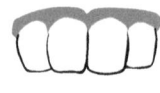

tand

السن

tunge

اللسان

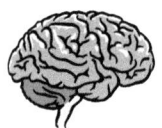

hjerne

الدماغ

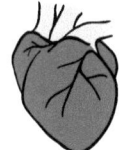

hjerte

القلب

muskel

العضلة

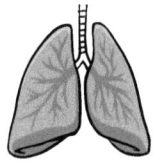

lunge

الرئة

lever

الكبد

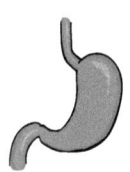

mavesæk

المعدة

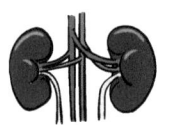

nyrer

الكِلى

sex

الاتصال الجنسي

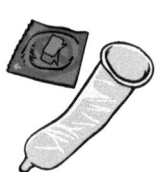

kondom

الواقي المطاطي

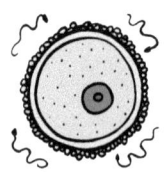

ægcelle

البويضة

sperm

المنيّ

svangerskab

الحمل

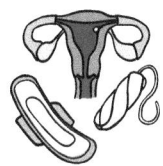

menstruation

الحيض

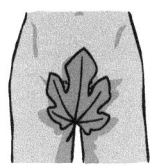

vagina

المهبل

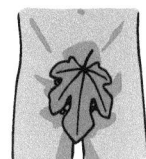

penis

القضيب

øjenbryn

الحاجب

hår

الشعر

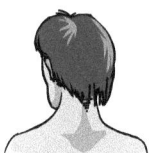

hals

الرقبة

sygehus
المستشفى

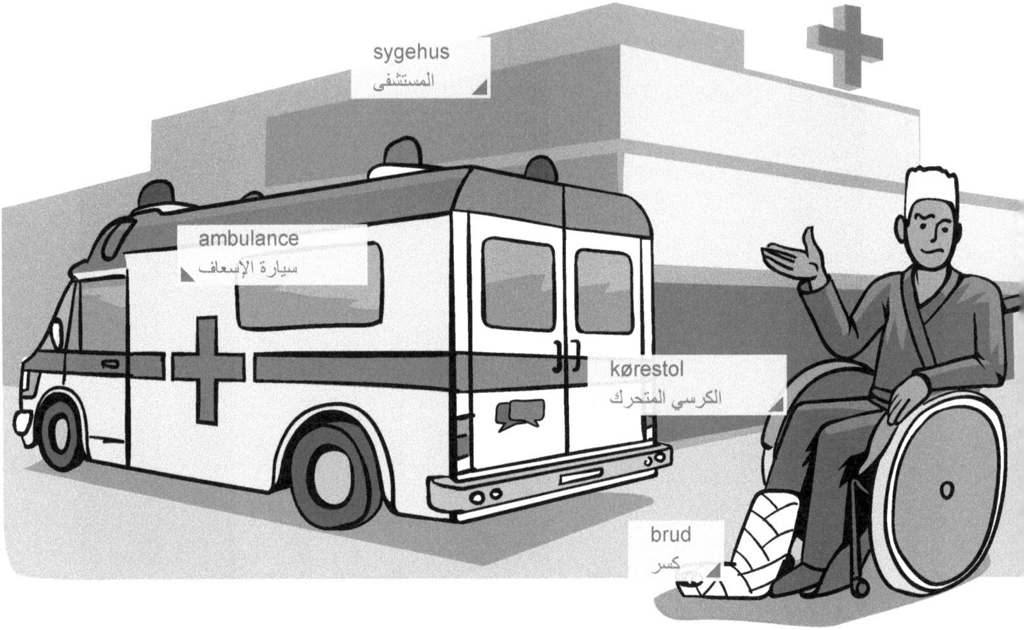

sygehus
المستشفى
ambulance
سيارة الإسعاف
kørestol
الكرسي المتحرك
brud
كسر

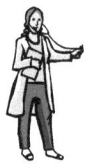

lægе
الطبيب

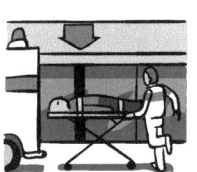

akutmodtagelse
غرفة الإسعاف

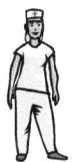

sygeplejerske
الممرضة

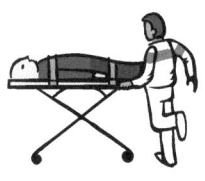

nødstilfælde
حالة

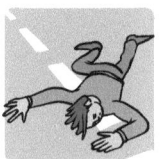

bevidstløs
مغمى عليه

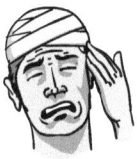

smerte
الألم

skade

إصابة

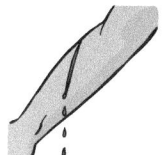

blødning

النزيف

hjerteinfarkt

احتشاء القلب

slagtilfælde

جلطة

allergi

حسسية

hoste

السعال

feber

الحُمَى

influenza

إنفلونزا

diarré

الإسهال

hovedpine

وجع الرأس

kræft

السرطان

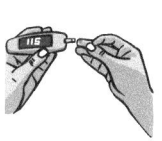

diabetes

مرض السكر

kirurg

جرّاح

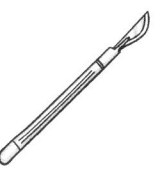

skalpel

مبضع

operation

عملية

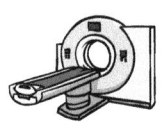

CT

سيتي سكان

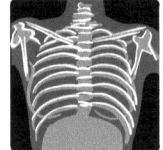

røntgen

الأشعة السينية

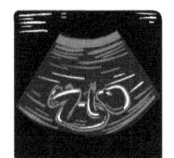

ultralyd

فوق الصوتي

maske

القناع

sygdom

المرض

venteværelse

غرفة الانتظار

krykke

العُكاز

plaster

شريط لاصق

forbinding

ضماد

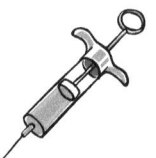

injektion

حقنة

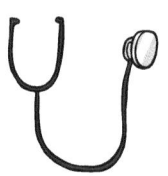

stetoskop

سمّاعة الطبيب

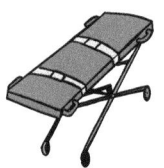

båre

نقالة

termometer

ميزان حرارة

fødsel

ولادة

overvægt

وزن زائد

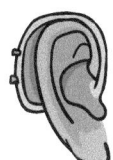

høreapparat

جهاز السمع

desinficerende middel

المواد المعقمة

infektion

عدوى

virus

فيروس

HIV / AIDS

الإيدز

medicin

الطب

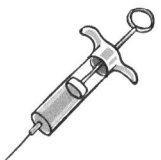

vaccination

اللقاح

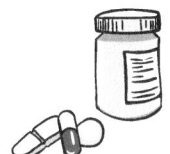

tabletter

أقراص الدواء

pille

حبّة الدواء

nødopkald

نداء النجدة

blodtryksmåler

مقياس ضغط الدم

syg / rask

مريض / صحيح

nødstilfælde

حالة

Hjælp!

....

النجدة!

alarm

....

إنذار

overfald

....

اعتداء

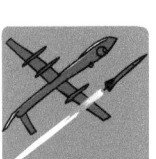

angreb

....

هجوم

fare

....

خطر

nødudgang

....

مخرج طوارئ

Det brænder!

....

حريق!

ildslukker

....

جهاز الإطفاء

uheld

....

حادث

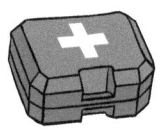

førstehjælps-kuffert

....

حقيبة الإسعاف الأولي

SOS

....

أنقذونا

politi

....

الشرطة

Europa

أوروبا

Nordamerika

أمريكا الشمالية

Sydamerika

أمريكا الجنوبية

Afrika

أفريقيا

Asien

آسيا

Australien

أستراليا

Atlanterhavet

المحيط الأطلسي

Stillehavet

المحيط الهادي

Indiske Ocean

المحيط الهندي

Sydlige Ishav

المحيط المتجمد الجنوبي

Ishav

المحيط المتجمد الشمالي

Nordpol

القطب الشمالي

Sydpol

القطب الجنوبي

Antarktis

منطقة القطب الجنوبي

Jorden

أرض

land

بر

hav

بحر

ø

جزيرة

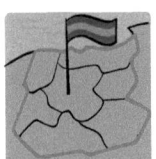

nation

أمة

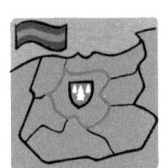

stat

دولة

ur
ساعة

urskive

ميناء الساعة

timeviser

عقرب الساعات

minutviser

عقرب الدقائق

sekundviser

عقرب الثواني

Hvad er klokken?

كم الساعة الآن؟

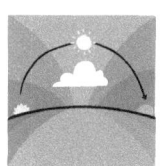

dag

يوم

tid

زمن

nu

الآن

digitalur

ساعة رقمية

minut

دقيقة

time

ساعة

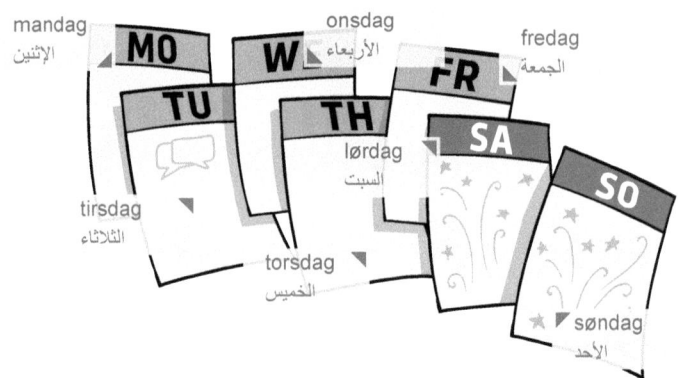

uge
أسبوع

mandag
الإثنين
tirsdag
الثلاثاء
onsdag
الأربعاء
torsdag
الخميس
FR
fredag
الجمعة
lørdag
السبت
SO
søndag
الأحد

i går

الأمس

i dag

اليوم

i morgen

غداً

morgen

الصباح

middag

الظهر

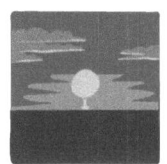

aften

المساء

arbejdsdage

أيام العمل

weekend

نهاية الأسبوع

år
سنة

regnbue
قوس قزح
regn
مطر
sne
ثلج
vind
ريح
forår
الربيع
efterår
الخريف
sommer
الصيف
vinter
الشتاء

4.APRIL 11°
5.APRIL 4°
6.APRIL 13°
7.APRIL 8°
8.APRIL 10°

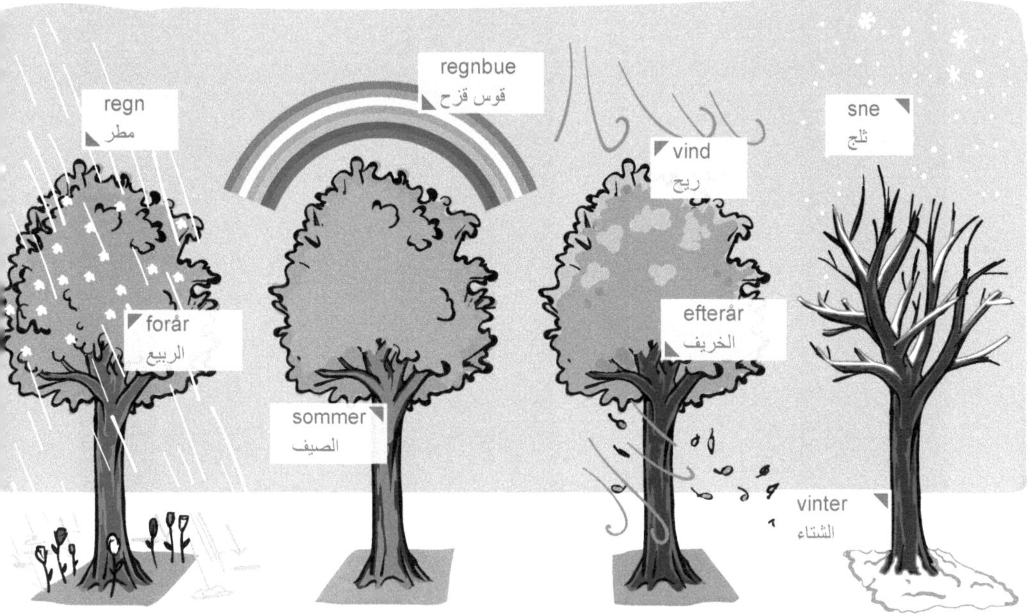

vejrudsigt
التنبؤ بالحالة الجوية

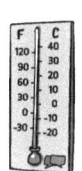

termometer
مقياس حرارة

solskin
ضوء الشمس

sky
سحابة

tåge
ضباب

luftfugtighed
رطوبة الجو

lyn

برق

torden

رعد

storm

عاصفة

hagl

بَرَد

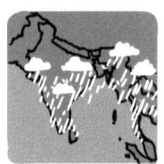

monsun

ريح موسمية

flod

طوفان

is

جليد

januar

كانون الثاني / يناير

februar

شباط / فبراير

marts

آذار / مارس

april

نيسان / أبريل

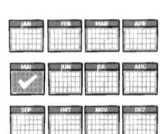

maj

أيار / مايو

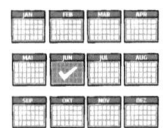

juni

حزيران / يونيو

juli

تموز / يوليو

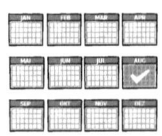

august

آب / أغسطس

september

أيلول / سبتمبر

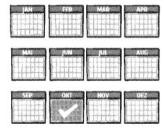

oktober

تشرين الأول / أكتوبر

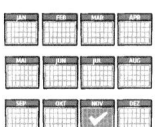

november

تشرين الثاني / نوفمبر

december

كانون الأول / ديسمبر

former

أشكال

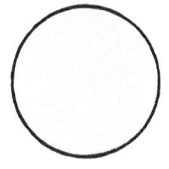

cirkel

دائرة

kvadrat

مربّع

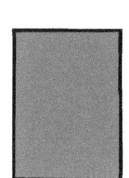

firkant

مستطيل

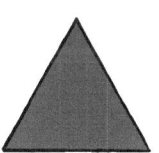

trekant

مثلّث

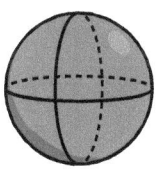

kugle

كرة

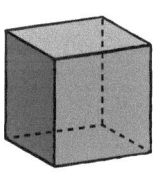

terning

مكعب

farver

ألوان

hvid

أبيض

gul

أصفر

orange

برتقالي

pink

وردي

rød

أحمر

lilla

بنفسجي

blå

أزرق

grøn

أخضر

brun

بنّي

grå

رمادي

sort

أسود

modsætninger

الأضداد

meget / lidt

كثير / قليل

rasende / fredelig

غضبان / هادئ

smuk / grim

جميل / قبيح

begyndelse / slut

بداية / نهاية

stor / lille

كبير / صغير

lys / mørk

فاتح / قاتم

bror / søster

أخ / أخت

ren / snavset

نظيف / وسخ

fuldkommen / ufuldkommen

كامل / ناقص

dag / nat

نهار / ليل

død / levende

ميت / حيّ

bred / smal

عريض / ضيّق

spiselig / uspiselig

صالح للأكل / غير صالح

vred / venlig

شرّير / لطيف

ophidset / kedet

مثير / ممل

tyk / tynd

سمين / نحيف

først / sidst

أولا / أخيراً

ven / fjende

صديق / عدو

fuld / tom

مليء / فارغ

hård / blød

صلب / ليّن

tung / let

ثقيل / خفيف

sult / tørst

جوع / عطش

syg / rask

مريض / صحيح

illegal / legal

غير شرعي / شرعي

intelligent / dum

ذكي / غبي

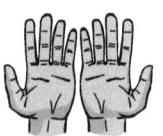

venstre / højre

يسار / يمين

nær / fjern

قريب / بعيد

ny / brugt

....

جديد / مستعمل

intet / noget

....

لا شيء / بعض الشيء

gammel / ung

....

مسن / شاب

tændt / slukket

....

يشعل / يطفئ

åben / lukket

....

مفتوح / مغلق

stille / højt

....

خافت / عالٍ

rig / fattig

....

غني / فقير

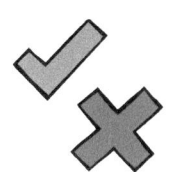

rigtig / forkert

....

صح / خطأ

ru / glat

....

أحرش / املس

ked af det / lykkelig

....

حزين / سعيد

kort / lang

....

قصير / طويل

langsom / hurtig

....

بطيء / سريع

våd / tør

....

مبلول / جاف

varm / kold

....

ساخن / بارد

krig / fred

....

حرب / سلم

tal
أرقام

0	1	2
nul	en	to
صفر	واحد	اثنان
3	4	5
tre	fire	fem
ثلاثة	أربعة	خمسة
6	7	8
seks	syv	otte
ستة	سبعة	ثمانية
9	10	11
ni	ti	elleve
تسعة	عشرة	أحد عشر

12

tolv

اثنا عشر

13

tretten

ثلاثة عشر

14

fjorten

أربعة عشر

15

femten

خمسة عشر

16

seksten

ستة عشر

17

sytten

سبعة عشر

18

atten

ثمانية عشر

19

nitten

تسعة عشر

20

tyve

عشرون

100

hundrede

مائة

1.000

tusinde

ألف

1.000.000

million

مليون

sprog
اللغات

engelsk
....
الإنكليزية

amerikansk engelsk
....
الإنكليزية الأمريكية

kinesisk mandarin
....
لغة ماندارين الصينية

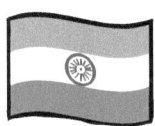

hindi
....
الهندية

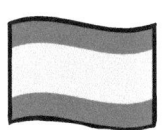

spansk
....
الإسبانية

fransk
....
الفرنسية

arabisk
....
العربية

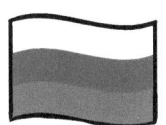

russisk
....
الروسية

portugisisk
....
البرتغالية

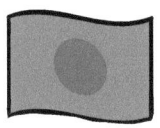

bengalsk
....
البنغالية

tysk
....
الألمانية

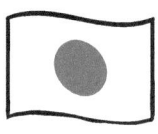

japansk
....
اليابانية

hvem / hvad / hvordan
من / ماذا / كيف

jeg

أنا

du

أنت

han / hun / den / det

هو / هي

vi

نحن

I

أنتم

de

هم

hvem?

من؟

hvad?

ماذا؟

hvordan?

كيف؟

hvor?

أين؟

hvornår?

متى؟

navn

اسم

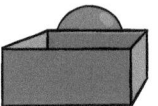

hvor

أين

bag

خلف

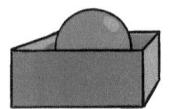

i

في

foran

أمام

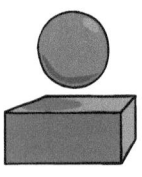

over

فوق

på

على

under

تحت

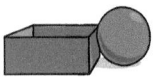

ved siden af

جنب

imellem

بين

sted

مكان